THÈSE
POUR LA LICENCE.

L'acte public sur les matières ci-après sera soutenu
le samedi 26 décembre 1840, à dix heures,

Par AUGÉ DE FLEURY (Louis-Jean-Népomucène-Clément-Raoul),
né à Passy (Seine).

Président, M. VALETTE, Professeur.

Suffragants,
MM. BLONDEAU,
BRAVARD,
OUDOT, } Professeurs.
BONNIER, Suppléant.

Le candidat répondra en outre aux questions qui lui seront faites
sur les autres matières de l'enseignement.

A PARIS.
IMPRIMERIE DE FAIN ET THUNOT,
RUE RACINE, 28, PRÈS DE L'ODÉON.

1840.

A MON PÈRE, A MA MÈRE.

JUS ROMANUM.

DE USURPATIONIBUS ET USUCAPIONIBUS.

(Dig., lib. xli, tit. iii.)

Usucapio est adjectio dominii per continuitatem possessionis temporis lege definiti.

Usurpatio est usucapionis interruptio.

Bono publico usucapio introducta est, ne scilicet quarumdam rerum diutius incerta dominia essent; utque punita esset dominorum negligentia.

Videamus autem:

1° Quis possit usucapere;

2° Quæ res usucapi possint;

3° Quæ sit forma usucapionis.

1. Usucapere potest scilicet paterfamilias, per se vel per filios servosque suos.

Filius familias ipse sibi ex causa peculii usucapere potest.

Pupillus et furiosus usucapere possunt; pupillus autem, si tutore auctore, furiosus, si ante furorem usucapere cœperit.

Is autem qui apud hostes est usucapere non potest, nam quum possideatur, possidere non videtur. Sed illi per servum vel filium suum usucapere licet, si quidem ex causa peculii servus aut filius cœperit possidere.

Si autem apud hostes pater decesserit, rem ex alia causa quam ex peculio acquisitam filius usucapere poterit, quia tempora captivitatis ex die quo pater captus est morti junguntur, filiusque sibi possedisse dici potest,

Hæreditas jacens usucapere potest; etenim nondum aditæ hæreditatis tempus usucapioni datur. Itaque hæredem personam defuncti sustinere dicitur.

2. Usucapi possunt non solum res mobiles, sed et res soli, sive sit domus, sive ager, sive fundus, exceptis rebus sacris, sanctis, publicis populi romani et civitatum. Usucapi quoque non possunt liberi homines.

Servitutes non per se, sed cum ædificiis longo tempore capi possunt.

Libertatem servitutum usucapi posse quoque verius est; itaque, si quum tibi servitutem deberem, *ne mihi* (puta) *liceret altius ædificare*, et per statutum tempus ædificatum habuero, sublata erit servitus.

Quum usucapio sit alienationis species, hæ res quæ alienari non possunt, eadem ratione non possunt usucapi. Fundus inde dotalis, resque pupillorum usucapi non possunt.

Res furto subreptæ, ne longo tempore quidem et bona fide possessæ, non possunt usucapi.

Cæterum hoc furti vitium in solas res mobiles cadit. Fundus autem alienus mala fide quidem sed sine vi occupatus, longissimo tempore, scilicet triginta annis, usucapi potest; et si bona fides est, justusque titulus, longo tempore, scilicet decem vel viginti annis.

Furtivum est quod ex re furtiva confectum est.

Furtivum quoque est quod ex re furtiva apud furem est perceptum vel natum.

Rei furtivæ fructus apud bonæ fidei possessorem percepti ad illum statim et sine usucapione pertinent.

At partus ancillæ non numeratur in fructu. Itaque ancillæ furtivæ partus apud bonæ fidei possessorem conceptus atque natus, non ad illum quidem, statim ut natus est, pertinet, quemadmodum id in fructibus et pecudibus receptum est; sed legitimo tempore poterit usucapi; non pars est enim rei furtivæ neque vitiosus sicut ancilla.

Vitium furti durat quamdiu res in potestatem domini non rediit.

Fundus vi possessus usucapi non potest. Sed ut hoc vitium res contrahat, duo concurrere debent: ut possessor vi detrusus fuerit, atque ut is qui petrusit, ipse occupaverit possessionem.

3. Sine possessione usucapio contingere non potest.

Circa hanc autem possessionem requiritur : 1° ut duret per tempus definitum; 2° ut sit non interrupta ; 3° ut ex justo titulo proficiscatur ; 4° ut sit bonæ fidei.

§ 1. Possessio ad usucapionem rerum mobilium tres annos, immobilium autem decem inter præsentes, et viginti inter absentes durare debet.

Absentes dicuntur qui in diversis provinciis habitant.

In usucapionibus non a momento ad momentum, sed totum postremum diem computamus. Itaque si minimo momento novissimi diei possessa res est, impletur usucapio. Nec totus dies exigitur ad explendum constitutum tempus.

Successori licet uti accessione possessionis auctoris sui.

Et si defunctus bona fide emerit, usucapietur res, quamvis hæres sciat alienam esse. Vitiosa autem defuncti possessio hæredi nocet, adeo ut nec a se, quamvis sit bonæ fidei usucapionem possit inchoare.

Si vitium possessionis non ex persona defuncti, id est ex mala fide ejus, sed ex re ipsa procedit, quia est vitiosa, usucapi res poterit, si desierit esse furtiva aut vi possessa.

Successores singulares etiam accessione possessionis auctorum suorum utuntur.

Pariter emptori tempus venditoris ad usucapionem procedit. Idem est de legatario, cæterisque possessoribus sive ex causa onerosa sive ex lucrativa.

Auctoris possessio vitiosa successori singulari non nocet; bonam ipse possessionem incipere potest. Hujus vero vitiosa possessio, possessioni quæ non est vitiosa nunquam accedere potest. Hac in re differt successor singularis ab universali. Hæres personam defuncti sustinet; legatarius contra non personam defuncti sustinet.

§ 2. Requiritur præterea ut possessio non sit interrupta.

Interrumpitur autem possessio naturaliter vel civiliter.

Naturaliter, quum quis de possessione vi dejicitur, vel alicui res eripitur.

Interrumpitur quoque possessio si is qui possidebat capiatur ab hostibus ; si creditor cui pignori rem dedisti illam alii tradiderit.

Interruptio *civilis* ea est quæ ex litiscontestatione nascitur.

Subtilitate juris non proprie usucapio litiscontestatione interrumpitur, tamen effectu juris sistitur et impeditur, si petitor rem suam esse probat.

§ 3. Ad usucapionem non quælibet possessio prodest, sed ea tantum quæ ex justo titulo proficiscitur.

Justus autem est titulus ille qui ad transferendum dominium est idoneus; ut titulus emptionis, donationis, legati et similes. Justus contra titulus non est, ex quo quis rem tanquam alienam possidet: sicut pignus, usufructus.

§ 4. Bonæ fidei possessio ad usucapionem exigitur.

Bona fides nihil est aliud quam justa opinio quæsiti dominii. Itaque bonæ fidei non est ille qui sciens a non domino emit, vel ab illo qui jus alienandi non habet.

Nunquam autem in usucapionibus juris error possessori prodest.

In emptione utrumque tempus et emptionis et traditionis inspicitur. Quum ex testamento vel ex stipulatu res comparatur, traditionis tempus inspicitur.

Usucapio tribuit rei dominium. Verum cum vitiis suis illa transit ad eum qui usucapit. Igitur non mutat usucapio superveniens pro emptore vel pro hærede quominus pignoris persecutio salva sit.

DE USUCAPIONE TRANSFORMANDA, ET DE SUBLATA DIFFERENTIA RERUM MANCIPI ET NEC MANCIPI.

(Codex, tit. xxxi.)

DE PRÆSCRIPTIONE LONGI TEMPORIS DECEM VEL VIGINTI ANNORUM.

(Codex, tit. xxxiii.)

Antiquo jure ad fines duos tendebat usucapio. Etenim usucapione dominium quiritarium ille acquirebat qui rem in bonis tantum habebat

Quodquidem eveniebat si ad acquirendam rem *mancipi* sola traditio sine mancipatione vel in jure cessione fuisset adhibita. In hoc enim casu ad priorem dominum ad eumque solum res pertinere non cessabat, donec ille qui acquisiverat, eam per unum annum, si mobilis, duo, si immobilis esset, possidendo usucepisset.

Postea vero, quum prior dominus post traditionem, nudum jus quiritarium retinendo, vanum titulum servare videretur, omnem differentiam sustulit Justinianus, et rem quamlibet, etiam mancipi, non mancipatione vel in jure cessione tantum, sed sola traditione acquiri posse decrevit. Sublata quoque est, facta inutilis, rerum mancipi et nec mancipi differentia. Justinianus quoque nullam postea prædiorum Italiæ provinciarumque differentiam existere voluit.

De altero usucapionis effectu dicendum est : qui bona fide rem alienam unum annum, mobilem, duos autem annos, immobilem detinuerat, plenum dominium hujus rei jure civili obtinebat. Usucapio autem in italicis tantum soli rebus admittebatur, sed jure prætorum qui rem immobilem in provinciis per longum tempus, scilicet decem vel viginti annos, bona fide detinuerant, domini vel cujuscumque vindicationem præscriptionis exceptione repellere poterant.

Justinianus autem, quum prædiorum Italiæ atque provinciarum omnem differentiam sustulisset, priusque temporis spatium brevius existimasset, longi temporis possessionem in usucapionem transfudit, constituitque ut prædia provincialia hac nova usucapione usucapi possent. Ita ut a Justiniano res mobiles tribus annis, res autem immobiles decem vel viginti annis usucapiuntur.

DROIT FRANÇAIS.

DE LA PRESCRIPTION.

(Code civil, liv. 3, tit. 20.)

La prescription est un moyen d'acquérir ou de se libérer par un certain laps de temps et sous les conditions déterminées par la loi.

Nous n'avons à nous occuper ici que de la prescription comme moyen d'acquérir.

La prescription repose sur des principes graves et légitimes : elle prend sa source d'abord dans l'intérêt public, et aussi, dans le droit naturel et l'équité. Si le possesseur est de bonne foi, tous ces motifs viennent à la fois à son secours pour le faire reconnaître comme propriétaire; si au contraire il est de mauvaise foi, ce sont principalement les considérations d'intérêt public qui le protégent : c'est avec raison qu'on a appelé la prescription *la patrone du genre humain.*

Du principe que la prescription est d'ordre public, il résulte qu'on ne peut d'avance y renoncer. Mais on peut renoncer à la prescription acquise. La renonciation peut être expresse ou tacite, et comme elle n'est rien autre chose que l'abdication d'un droit certain, il est naturel que celui qui ne peut aliéner ne puisse pas renoncer à la prescription acquise. Il faut encore remarquer que le moyen de la prescription pouvant répugner à la conscience de celui en faveur de qui la loi l'a introduit, les juges ne peuvent jamais le suppléer d'office.

La prescription étant un moyen péremptoire, il s'ensuit qu'on peut

l'opposer en tout état de cause. On le pourra tant qu'il n'y aura pas jugement en dernier ressort ou passé en force de chose jugée; mais il ne serait
plus temps de l'opposer devant la cour de cassation ; car la cour de cassation
doit prendre le procès dans l'état où les parties l'ont placé. On ne pourrait
pas non plus l'invoquer, si, par les circonstances, on devait être présumé
y avoir renoncé.

Les créanciers, pouvant en général exercer tous les droits de leurs débiteurs, il est tout simple qu'ils puissent opposer la prescription à leur défaut.
La prescription constitue un émolument certain dont le débiteur ne peut
se dépouiller au préjudice de ses créanciers ou de ceux qui ont intérêt à
ce qu'il en fasse usage : un usufruitier par exemple.

Les choses qui sont hors du commerce sont par cela même imprescriptibles.

De la possession.

La possession est la base de la prescription afin d'acquérir, *sine possessione usucapio contingere non potest.*

La possession est la détention ou la jouissance d'un droit ou d'une
chose. Le mot possession est pris ici dans son sens le plus général, abs-
traction faite de la propriété; car il ne faut pas confondre la possession
qui est un fait avec la propriété qui est un droit.

Pour que la possession conduise à la prescription, il faut qu'elle réunisse certains caractères : ainsi elle doit être continue et non interrompue,
paisible, publique, non équivoque, et à titre de propriétaire.

Du reste, la loi n'exige pas du possesseur qu'il prouve que sa possession a été continue; il lui suffit de prouver qu'il a possédé au commen-
cement et à la fin ; il est alors présumé avoir possédé dans le temps intermédiaire. Ce sera à celui qui réclame la propriété à prouver que dans
le temps intermédiaire la chose a été possédée par un autre ou abandonnée
réellement par le possesseur.

Pour compléter la prescription, on peut joindre à sa possession celle
de son auteur ; mais cependant il faut distinguer : Le successeur universel
ne peut prescrire si le titre de son auteur est vicieux. Le successeur parti-

culier, au contraire, a une cause de possession qui lui est propre ; et quand même celle de son auteur serait vicieuse, il peut lui-même en commencer une bonne.

Des causes qui empêchent la prescription.

Ceux qui possèdent pour autrui ne prescrivent jamais par quelque laps de temps que ce soit, et cela se conçoit ; car la prescription ne fait acquérir que ce que l'on a possédé ; or si l'on n'a pas possédé pour soi-même, loin d'avoir acquis pour son propre compte, on n'aura fait que mettre en action la possession d'autrui, et l'on aura empêché la perte du droit du propriétaire. Aussi le fermier, le dépositaire, l'usufruitier et tous autres qui détiennent précairement la chose du propriétaire, ne peuvent la prescrire.

L'héritier de celui qui tenait la chose à titre précaire ne peut non plus prescrire ; car, comme il représente le défunt, il ne peut pas avoir plus de droits que lui.

Cependant les détenteurs précaires et leurs héritiers peuvent prescrire si le titre de leur possession se trouve interverti, soit par une cause venant d'un tiers, soit par la contradiction qu'ils ont opposée au droit du propriétaire.

Le fermier, le dépositaire, l'usufruitier, en vendant la chose dont ils sont détenteurs, mettent ceux avec lesque's ils traitent en position de prescrire. Il est vrai que ceux-ci ont acheté *à non domino*, mais ils ont acheté et ont possédé à titre de propriétaires. Leur possession est conforme à l'art. 2229.

Des causes qui interrompent la prescription.

Les causes qui interrompent la prescription sont naturelles ou civiles :
Naturelles, lorsque le possesseur est privé pendant plus d'un an de la jouissance de la chose ; et peu importe que ce soit par le fait de l'ancien propriétaire, ou par le fait d'un tiers. C'est en cela que l'interruption naturelle diffère de l'interruption civile, qui ne profite qu'à celui qui l'a faite. Du reste, la possession ne serait pas interrompue si le possesseur s'abstenait pendant un an de jouir, sans qu'aucune possession étrangère vînt s'entremêler à la sienne ; l'intention conserve la possession.

Une citation en justice, un commandement, une saisie, une citation en conciliation suivie dans le mois d'une assignation, sont des modes d'interruption civile.

Toutefois l'interruption est considérée comme non avenue si l'assignation est nulle par défaut de forme, si le demandeur se désiste de sa demande, s'il laisse périmer l'instance, et enfin si la demande est rejetée.

La reconnaissance que le possesseur fait du droit de celui contre lequel il prescrit, interrompt également la prescription.

L'interpellation judiciaire faite à l'un des débiteurs solidaires, ou la reconnaissance de l'un d'eux, interrompt la prescription contre tous les autres, même contre leurs héritiers. L'interpellation faite à l'un des héritiers du débiteur solidaire, ou la reconnaissance de cet héritier, n'interrompt pas la prescription à l'égard des autres cohéritiers, encore bien que la créance soit hypothécaire, pourvu toutefois qu'elle ne soit pas indivisible; car, dans ce dernier cas, chacun des héritiers étant débiteur personnel du total, on rentre dans la règle établie plus haut à l'égard des débiteurs solidaires.

Des causes qui suspendent la prescription.

La suspension diffère de l'interruption en ce que celle-ci efface entièrement la possession antérieure, tandis que la suspension laisse subsister la possession préexistante, et ne fait que lui opposer un point d'arrêt; le temps qui recommence à courir se lie avec le temps acquis au moment de la suspension, et compte pour calculer le délai légal.

Les causes suspensives de prescription sont : d'abord la minorité et l'interdiction, sauf les exceptions énoncées par la loi.

La prescription est également suspendue entre mari et femme pendant le mariage, et cela afin d'éviter les contestations entre époux.

La prescription court cependant au profit des tiers contre la femme mariée, sauf son recours contre le mari, lorsque les époux sont mariés sous le régime de la communauté; si au contraire ils sont séparés de biens, la femme n'a pas de recours contre son mari, puisqu'elle peut agir par elle-même, et interrompre la prescription. Sous le régime dotal, les immeubles dotaux sont imprescriptibles pendant le mariage, à moins que la prescription n'ait commencé auparavant. Mais après la séparation de biens cette imprescriptibilité cesse.

Enfin la prescription est encore suspendue pendant le mariage : 1° lorsque l'action de la femme ne pourrait être exercée qu'après une option à faire sur l'acceptation ou la renonciation à la communauté ; 2° dans le cas où le mari, ayant vendu le bien propre de sa femme, est garant de la vente, et dans tous les autres cas où l'action de la femme réfléchirait contre le mari : car alors on a senti qu'une femme dont l'action aurait pour conséquence immédiate de forcer le tiers détenteur à mettre en cause l'époux dont il tient ses droits, et à réclamer contre lui des dommages et intérêts, hésiterait à intenter cette action en justice.

Du temps requis pour prescrire.

La prescription se compte par jours et non par heures.

Toutes les actions tant réelles que personnelles se prescrivent par trente ans, sans que celui qui invoque cette prescription soit obligé de rapporter un titre, et sans qu'on puisse lui opposer l'exception déduite de la mauvaise foi. C'est la plus longue de toutes les prescriptions ; nous avons vu sur quels motifs elle est basée.

La prescription de dix et vingt ans protége celui qui a acquis un immeuble de bonne foi et à juste titre de celui qui n'en était pas propriétaire. Dix ans suffisent si le vrai propriétaire habite le ressort de la cour royale dans l'étendue de laquelle l'immeuble est situé ; et vingt ans, s'il habite hors du ressort. Et s'il a été successivement absent et présent, chaque année d'absence ne compte que pour moitié d'une année de présence.

La prescription de dix et vingt ans est fondée sur la bonne foi et le juste titre du possesseur. Mais il ne suffit pas que le titre soit juste, c'est-à-dire qu'il soit de nature à transférer la propriété, il faut encore qu'il ne soit pas nul par défaut de forme ; car un titre nul par défaut de forme n'est pas un titre.

Il suffit que la bonne foi existe au moment de l'acquisition.

La transmission si rapide des meubles, qui d'ailleurs ne se constate généralement par aucun titre, a fait admettre la maxime : *en fait de meubles la possession vaut titre.* Ainsi, tout possesseur à qui le demandeur en revendication ne prouve pas qu'il tient la chose de lui demandeur, à titre précaire, ou qu'il est possesseur de mauvaise foi, peut repousser l'attaque dirigée contre lui.

Toutefois, le propriétaire peut revendiquer pendant trois ans, en quelques mains qu'elle se trouve, sa chose perdue ou volée, sauf le recours du possesseur contre celui de qui il la tient.

La faveur et la protection dues au commerce ont dicté l'art. 2280.

ART. **690** ET **691**.
(Titre des Servitudes.)

On peut acquérir par prescription non-seulement la pleine propriété, mais un simple démembrement de la propriété; par exemple, une servitude; mais il y a des distinctions à faire : les servitudes continues et apparentes s'acquièrent par titres ou par la possession de trente ans. Quant aux servitudes continues non apparentes, et aux servitudes discontinues apparentes ou non apparentes, il a été admis pour elles qu'elles ne pourraient s'établir que par titres. En effet, elles n'ont pas les conditions exigées par l'art. 2229, qui veut une possession continue et publique.

ART. **2180**.
(Titre des Priviléges et Hypothéques.)

Les priviléges et hypothèques s'éteignent par la prescription.

Il faut distinguer à cet égard deux cas : l'immeuble hypothéqué est encore entre les mains du débiteur, ou il a passé dans d'autres mains.

Si l'immeuble hypothéqué est encore entre les mains du débiteur, la prescription du privilége ou de l'hypothèque n'est acquise que par le temps fixé pour la prescription de l'action principale.

Si l'immeuble est passé dans d'autres mains, la prescription est acquise au détenteur par l'intervalle de temps qui lui serait nécessaire pour prescrire la propriété à son profit, en observant toutefois que si ce temps est de dix ou vingt ans, comme alors la prescription suppose un titre, elle ne commence que du jour où ce titre a été transcrit sur les registres du conservateur.

ART. **789**.

(Titre des Successions.)

Tout héritier a le droit d'opter entre l'acceptation ou la répudiation d'une succession. Mais ce droit, étant la source d'une incertitude qui peut compromettre beaucoup d'intérêts, a dû être soumis à une prescription qui y mît fin. C'est la prescription la plus longue qui s'y applique, c'est-à-dire celle de trente ans.

DES ACTIONS POSSESSOIRES.

(Code de procédure civile, part. 1re, liv. 1er, tit. 4, art. 23—27.
Loi du 25 mai 1838, sur les justices de paix.)

On entend par action possessoire celle qui est donnée au possesseur pour se faire maintenir ou réintégrer dans sa possession lorsqu'il y est troublé.

Il faut que la possession réunisse tous les caractères exigés par la loi, c'est-à-dire qu'elle soit continue et non interrompue, paisible, publique, non équivoque, à titre de propriétaire, annale, et qu'elle n'ait pas cessé depuis plus d'une année, conditions énoncées aux articles 2229 du Code civil et 23 du Code de procédure civile. Il faut de plus que la demande soit formée dans l'année du trouble.

Le trouble est de fait ou de droit : *de fait*, lorsque des entraves réelles sont apportées à la jouissance ; *de droit*, lorsqu'on forme en justice une demande pour disputer au possesseur la possession qu'il prétend avoir.

L'action possessoire n'est relative qu'à la possession ; celle qui a trait à la propriété s'appelle pétitoire. La première est de la compétence des

Juges de paix ; la seconde est de la compétence des tribunaux de première instance.

Les actions possessoires se divisent en actions dites de *complainte*, dé *dénonciation de nouvel-œuvre*, et de *réintégrande*.

On nomme *complainte* l'action par laquelle on demande à être maintenu dans la possession d'un immeuble ou d'un droit réel immobilier.

La *dénonciation de nouvel-œuvre* est une espèce d'action en complainte par laquelle un voisin déclare à son voisin qu'il s'oppose à la continuation d'une nouvelle construction. La dénonciation de nouvel-œuvre, comme l'indique le mot lui-même, ne s'applique qu'aux ouvrages seulement commencés. Si les travaux sont achevés, il y a lieu à la complainte. Dans l'un et l'autre cas, le juge peut ordonner la démolition des ouvrages commencés ou terminés.

Cette action de nouvel-œuvre était admise dans l'ancienne jurisprudence; mais elle n'était consacrée par aucune loi. Cette lacune a été remplie par l'article 6 de la loi du 25 mai 1838, qui place la dénonciation de nouvel-œuvre au rang des actions possessoires.

La *réintégrande* est l'action par laquelle on demande à être réintégré dans la possession d'un immenble dont on a été dépouillé par violence ou voie de fait. Elle ne peut être réclamée que par celui qui possède depuis une année au moins.

Il peut arriver que la possession ou le trouble soient déniés; dans ce cas le juge de paix ordonnera une enquête; mais cette enquête ne pourra porter sur le fonds du droit dont la connaissance est réservée aux tribunaux civils. De ce dernier principe il résulte que le possessoire et le pétitoire ne peuvent jamais être cumulés. Il importe d'ailleurs de fixer par le jugement à rendre sur le possessoire les qualités de demandeur et de défendeur sous lesquelles chacune des parties devra plaider au pétitoire.

Si le demandeur, au lieu de former sa demande au possessoire, s'est pourvu de suite au pétitoire, il ne sera plus recevable à agir au possessoire, parce qu'il a reconnu par le fait même la possession de son adversaire.

Le défendeur au possessoire ne peut se pourvoir au pétitoire qu'après que l'instance sur le possessoire est terminée, et après l'entier acquittement des condamnations prononcées contre lui. Si la partie qui a obtenu ces condamnations est en retard de les faire liquider, le juge au pétitoire pourra fixer pour cette liquidation un délai après lequel l'action au pétitoire sera reçue.

QUESTIONS.

1. Sur quels principes repose la prescription ?

2. Faut-il que celui qui agit en réintégrande ait une possession annale? Oui.

3. Que doit-on décider à l'égard de l'héritier qui est resté trente ans sans accepter ni répudier la succession ?

4. Les servitudes peuvent-elles s'acquérir par dix et vingt ans ? Oui , mais avec des distinctions.

www.ingramcontent.com/pod-product-compliance
Lightning Source LLC
Chambersburg PA
CBHW072336150726
47998CB00017B/1413